méli-mélo de dinos

Masayuki Sebe

Sauras-tu reconnaître
les deux dinosaures qui
sont de vrais jumeaux?

Dix dinos se sont installés
dans ces pages ! À toi de jouer !

Combien vois-tu de coccinelles sur cette page ?
R
N
U
N
T
S
O
G
I

Chaque image correspond à une lettre.
Décode ces lignes pour trouver un nom de dinosaure.

Qui va tirer le gros lot ?

Les trois petits hommes sont en danger !
Vois-tu les dinos prêts à attaquer ?
Aide-toi de la page suivante.

Les dinosaures ont surgi de leur cachette!
Mais où sont passés les trois petits hommes?

Cinq animaux sont nés de ces œufs, peux-tu les retrouver?

Le dino se regarde dans le miroir.
20 erreurs se sont glissées
dans son reflet. Les repères-tu?

Traverse le labyrinthe ! Pour trouver ton chemin, cherche les animaux à qui appartiennent ces ombres.

Arrivée

Quels sont les tableaux qui ne proviennent pas de l'image de gauche?

Aide le petit homme
à se rendre
chez ses amis.

Un seul dino n'est pas comme les autres! Lequel?

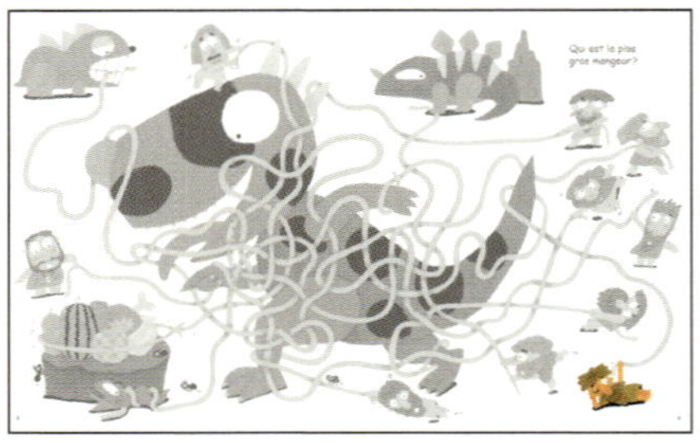

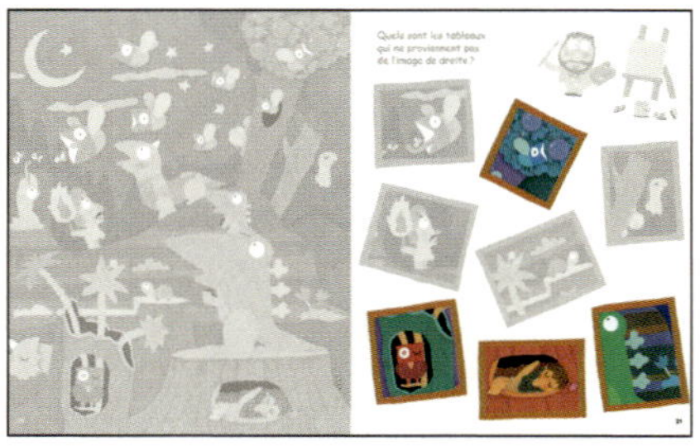

Loi n° 49-956 du 16 juillet 1949 sur les publications destinées à la jeunesse.
Dépôt légal : octobre 2009
Achevé d'imprimé par Pollina - n°L50915a
Photogravure : Turquoise
N° d'édition : M09074
ISBN : 978 27404 2610 4

KYOURYUU PAZURU
First published in Japan in 1993 by KAISEI-SHA Publishing Co., Ltd.
French translation rights arranged with KAISEI-SHA Publishing Co., Ltd.
through Japan Foreign-Right Centre.